ENSAIO SOBRE O CONTEÚDO JURÍDICO DA CONFIANÇA LEGÍTIMA E SUA INCIDÊNCIA NO SETOR DE INFRAESTRUTURA

CONTRACORRENTE

ANTONIO ARALDO FERRAZ DAL POZZO
AUGUSTO NEVES DAL POZZO

ENSAIO SOBRE O CONTEÚDO JURÍDICO DA CONFIANÇA LEGÍTIMA E SUA INCIDÊNCIA NO SETOR DE INFRAESTRUTURA

São Paulo

2019

CONTRACORRENTE

Rua Dr. Cândido Espinheira, 560 | 3º andar
São Paulo - SP - Brasil | CEP 05004 000
www.editoracontracorrente.com.br
contato@editoracontracorrente.com.br

Dados Internacionais de Catalogação na Publicação (CIP)
(Ficha Catalográfica elaborada pela Editora Contracorrente)

D136 DAL POZZO, Antonio Araldo Ferraz; Dal Pozzo, Augusto Neves.

Ensaio sobre o conteúdo jurídico da confiança legítima e sua incidência no setor de infraestrutura | Antonio Araldo Ferraz Dal Pozzo; Augusto Neves Dal Pozzo – São Paulo: Editora Contracorrente, 2019.

ISBN: 978-85-69220-44-2

1. Direito Administrativo. 2. Confiança Legítima. 3. Infraestrutura. I. Título.

CDU: 341.35201

Impresso no Brasil
Printed in Brazil

sumário

I

contextualização introdutória ao tema da confiança legítima

"A CRISE NOSSA DE CADA DIA: UMA CRISE DA CONFIANÇA LEGÍTIMA"

1. A CRISE DE HOJE

Trata-se de uma obviedade macroscópica: o Brasil parece a Caixa de Pandora que, aberta por um deus tupiniquim, deixa escapar todo o mau uso da política, a perplexidade das Instituições, o descompasso entre as autoridades e sua sideral distância da ordem jurídica vigente, gerada num recém-criado Estado de Direito Democrático.

O volume e a diversidade dos males revelados assustam e deixam a população ordeira e cumpridora de seus deveres verdadeiramente atônita, sem saber para onde ir ou onde ficar.

Tudo isso abala fundamentalmente um elementar componente da vida em sociedade, desde os seus primórdios: a *confiança*, que, aparentemente, restou confinada naquela caixa no momento exato em que se preparava para ganhar o mundo.

2. CONFIANÇA: UM SENTIMENTO INATO

A confiança é um *sentimento* que pertence à natureza humana e um instinto congênito em outras espécies viventes.

A confiança é objeto de muitos estudos e ensaios em diversas ciências: psicológicas, neurológicas, sociológicas e até mesmo econômicas.

Como nossa abordagem será feita do ponto de vista da Ciência do Direito, partimos da premissa de que a confiança é um *sentimento constitutivo dos seres sociais* enquanto crença na lealdade nos demais seres de sua própria espécie, cujo comportamento é possível prever. Lobos convivem com lobos e formigas convivem com formigas – assim como os homens convivem com os homens.

Essa inata predisposição do homem foi a *conditio sine qua non* para que os seres vivos pudessem viver em sociedade.

Por certo uma indagação mais profunda iria encontrar em necessidades próprias e específicas das variadas espécies de seres vivos sociais a causa dessa condição essencial à vida em comunidade, mas tal indagação estaria fora dos objetivos destas reflexões.

Aqui nos interessa a *confiança humana*.

Relembrando lições bem conhecidas, mas com um tratamento diferenciado, Fritjof Capra e Pier Luigi Luisi recordam o elo evolutivo entre consciência e fenômenos sociais, a partir de quatro milhões de anos atrás, quando o macaco *Australopithecus* se pôs em pé, liberando as mãos para construir instrumentos, o que estimulou o rápido crescimento do cérebro desses primeiros hominídeos.

> No entanto, escrevem aqueles autores, embora eles desenvolvessem cérebros complexos, habilidades na construção e no uso de ferramentas e linguagem, a *impotência de seus bebês* prematuramente nascidos levou à formação das famílias e das comunidades

> necessárias para lhes dar apoio, e que se tornaram o *fundamento da vida social humana.*[1]

A fragilidade dos recém-nascidos e os cuidados, que por muitos anos requerem os bebês e as crianças, talvez sejam as causas remotas do nascimento da confiança na consciência de nossos antepassados longínquos, transmitida até nós ao longo da História da Humanidade.

Realmente, sem confiança nos demais membros de seu próprio grupo, a vida social seria impossível, já na aurora da convivência humana.

Num outro giro – mas buscando a mesma formação constitutiva do ser humano – está a grave pergunta formulada por Ortega Y Gasset: "De onde vem esse apetite do Universo, de integralidade do mundo, que é a raiz da filosofia?" E ele mesmo responde: "Simplesmente esse apetite, que parece peculiar à filosofia, é a atitude nativa e espontânea de nossa mente na vida".[2]

Filosofar e confiar – duas atitudes naturais do ser humano.

---

[1] *A visão sistêmica da Vida*. São Paulo: Cultrix, 2015, p. 368, grifamos.

[2] "Qué es Filosofia?". *Revista de Occidente,* Madrid: Alianza Editorial, 22ª ed, p. 53.

3. AUTOCONFIANÇA E CONFIANÇA EM OUTREM

A confiança, assim como muitos outros sentimentos, pode crescer e pode também diminuir e até desaparecer. Como o amor, que pode sofrer essas mesmas vicissitudes.

A confiança pode ter por objeto o próprio sujeito ou estender-se a outra pessoa.

A confiança que o homem deposita em si é a *autoconfiança*.

Autoconfiança é estar seguro de si mesmo, é acreditar em si mesmo, é ter confiança íntima, é crer que se é capaz de fazer ou de não fazer alguma coisa.

O atleta confia em seu físico e em sua mente para atingir a vitória; o piloto da aeronave ou da espaçonave confia nos seus conhecimentos para o correto manejo e controle do veículo, e assim por diante.

Mas, essas mesmas pessoas, para adquirirem mais confiança em si mesmas, precisaram depositar confiança em outrem: o atleta, em seu treinador; o piloto, em seus instrutores – e aqui estamos falando numa *relação de confiança* (como falaríamos de uma relação amorosa).

Essa simples observação nos faz concluir que a autoconfiança dirigida para determinada atividade ou omissão, conquanto nascida na própria pessoa, pode ser reforçada por outrem. Esse broto de autoconfiança muitas vezes é o que chamamos de *vocação*.

O chamamento íntimo, o pendor para a música leva a pessoa a essa atividade – aqui, inicialmente, há um naco de autoconfiança que se vai fortalecendo e crescendo à medida que o seu portador vai adquirindo maiores conhecimentos e mais perfeito adestramento para tocar seu instrumento musical. Para tanto, precisou de um professor. Ao dar um recital em um teatro famoso, aquele músico estará plenamente confiante em si mesmo.

Essa relação de confiança é, pois, *personificada*, isto é, une duas ou mais pessoas.

De outro lado, a confiança que desde sempre os homens depositaram em outros da mesma espécie e que tornou possível a vida em sociedade também é uma relação de confiança entre pessoas, mas uma *confiança difusa*: uma relação de confiança que nos une a todos e a ninguém em particular.

Em nossas indagações, não há por que nos aprofundarmos ainda mais nos temas da autoconfiança e da confiança difusa, mas, sim, em certas relações de confiança personificadas. O que se disse basta para conferir à confiança seu relevantíssimo papel em nossas vidas.

4. CONFIANÇA GERADA POR ATO DE AUTORIDADE PÚBLICA (ISTO É, DE TERCEIRO)

A relação de confiança que se estabelece entre o desportista e seu treinador nasceu de um sentimento mútuo.

Todavia, essa espécie de confiança está fora do universo jurídico, bem assim a relação de confiança difusa, conquanto esta possa ser a causa última da formação das nações e dos Estados.[3]

A confiança que é colhida pelo direito e que passa a ser um bem da vida juridicamente protegido é aquela *gerada* pelo comportamento (em sentido amplíssimo) de terceiro – e este ensaio tem por objeto a análise da confiança gerada por um terceiro qualificado: a autoridade pública.

Trata-se de *relação de confiança gerada por ato de agente do Estado*, que leva aquele em que tal

[3] Seus reflexos no mundo do direito são raros e transmudados em outros fatos ou atos disciplinados pelo ordenamento jurídico – como a deformação física causada por um mau treinador.

confiança foi criada (*confiante*) a praticar atos na vida real em consonância com a orientação desse agente estatal.

Vejamos esse fenômeno mais de perto, ainda que à *vol d'oiseau*.

Com a evolução das sociedades humanas, estas se tornaram cada vez mais intrincadas, e as regras de convivência se qualificaram, com o passar do tempo, como *regras jurídicas*, ou seja, padrões de comportamentos desejados e proibidos, todas dotadas de sanção e pertencentes a um determinado ordenamento jurídico, válido em certo lugar e em certo momento histórico.

Se a confiança difusa concorreu decisivamente para a vida social, dentre outros, o motivo que levou os homens a buscar um ordenamento para a vida em sociedade – regras obrigatórias prevendo o que deve ser feito e o que não pode ser feito, dotadas de coação – foi outro sentimento humano: o desejo de *segurança*, para cuja satisfação não mais bastava a confiança difusa.

O homem precisa saber o que pode e o que não pode fazer, *com segurança*: eis um "imperativo psicológico imanente à sua essência", nas palavras de Celso Antônio Bandeira de Mello.[4]

[4] "Estado de Direito e Segurança Jurídica". *In:* DAL POZZO, Augusto Neves; PIMENTA OLIVEIRA, José Roberto; VALIM,

A essa afirmação, o eminente publicista acrescenta que o Direito é uma disciplina da conduta humana, o qual "*é, em si mesmo, um projeto de implantação de segurança*".[5]

Buscando cumprir tal desiderato, os encarregados de elaborar as regras jurídicas transportaram para o *universo jurídico* os chamados *bens da vida* – isto é, tudo aquilo que é apto a satisfazer uma necessidade humana. O pão e o dinheiro são bens da vida – e o ordenamento jurídico os protege, declinando quem é seu proprietário ou possuidor legítimo, quais os direitos e obrigações em face deles.

Os atos envolvendo os bens da vida protegidos pelo direito são, por consequência, *atos jurídicos*, porque também previstos pelo ordenamento jurídico.

Assim, a troca do pão (bem da vida) por certa quantia em dinheiro (*idem*) é um ato disciplinado pelo direito e, pois, um ato jurídico chamado *compra e venda*.

A compra e venda, enquanto ato jurídico, estabelece uma *relação jurídica* entre duas pessoas – o

---

Rafael. *Tratado sobre o Princípio da Segurança Jurídica no Direito Administrativo*. São Paulo: Fórum, 2013, p. 40.

[5] "Estado de Direito e Segurança Jurídica". *In:* DAL POZZO, Augusto Neves; PIMENTA OLIVEIRA, José Roberto; VALIM, Rafael. *Tratado sobre o Princípio da Segurança Jurídica no Direito Administrativo*. São Paulo: Fórum, 2013, p. 41, grifos originais.

comprador e o vendedor – que alberga uma série de posições jurídicas, tais como direitos e obrigações.[6]

Ora, como o Direito "é, em si mesmo, um projeto de implantação da segurança" (Bandeira de Mello), as regras jurídicas trazem em si mesmas, inevitavelmente, um *componente de confiança*: o vendedor acredita que receberá o preço; e o comprador que receberá a coisa.

Essa partícula de confiança se situa no próprio núcleo do direito, e seu destino – concretizar-se ou frustrar-se – depende de o direito ser satisfeito ou não.

Porém, essa parcela de confiança é protegida pela ordem jurídica mediante a proteção do *próprio direito ameaçado ou violado*.

E assim é a vida, examinada da perspectiva do Direito: realizamos milhares de relações jurídicas, que nos geram direitos e obrigações e que sempre envolvem uma dose de confiança.

---

[6] Há relações jurídicas com posições jurídicas mais complexas, como a relação jurídica de matrimônio ou a relação jurídica processual. Esta última contém posições jurídicas variadíssimas, tais como poderes, faculdades, ônus, deveres, obrigações, direitos etc. Para maiores esclarecimentos: DAL POZZO, Antonio Araldo Ferraz. *Teoria Geral do Novo Processo Civil Brasileiro*. São Paulo: Contracorrente, 2016, p. 367.

Se essa confiança for frustrada pelo comportamento da outra parte, o próprio direito terá sido violado, e os mecanismos regulares do ordenamento jurídico, predispostos para sua realização ou satisfação, são suficientes para protegê-lo e, concomitantemente, tutelar a confiança que nele estava embutida.

A evolução acima vista, ainda que rapidamente, envolveu uma acirrada disputa entre os detentores do Poder e o povo, de um modo geral – contenda que foi alterando a fisionomia do Estado Absoluto até que este se tornou um Estado de Direito Democrático.[7]

Dentre as inúmeras características e vários fundamentos do Estado de Direito, por ora nos importa salientar a sua submissão ao ordenamento jurídico e o reconhecimento de direitos e garantias do particular em face do próprio Estado.

Advirta-se que a expressão "ordenamento jurídico" é aqui utilizada no seu sentido mais amplo e completo, abrangendo todas as normas de princípio e todas as normas de regras jurídicas vigentes.

Pois bem. Essa paulatina, mas progressiva sujeição do Estado à ordem jurídica foi provocada por

---

[7] Não caberia aqui uma análise dessa evolução. Para maiores informações: CHEVALIER, Jacques. *O Estado de Direito*. Belo Horizonte: Fórum, 2009.

uma série de causas, das quais duas se conjugaram para fortalecer esse movimento histórico – a intromissão cada vez maior do Estado na vida das pessoas e seu poder absoluto de fazer quase tudo o que desejava.

Essa interferência estatal praticamente em todos os campos de atividade humana não poderia ser freada, dada a complexidade cada vez maior da sociedade – mas o seu *poder*, sim.

O Estado sobreviveu, continuou atuando de forma a interferir na vida das pessoas, mas agora de forma controlada e sujeita à revisão e, ainda, atuando com três ramos de Poder, autônomos entre si: o Poder Executivo, o Poder Legislativo e o Poder Judiciário (Montesquieu). Por fim, com o Estado de Direito Democrático, passou a viger a soberania popular e, obviamente, a democracia, que é "o governo do povo, pelo povo e para o povo", na famosa e feliz síntese de Abraham Lincoln.[8]

Ao interferir na vida das pessoas, o Estado pode induzi-las a praticar determinados atos, exercer certas atividades, atuar na vida real, enfim, norteadas pela "orientação" estatal. A expressão "Estado" é

---

[8] V. "The Constitution of the United States", de Floyd G. Cullop, que, ao escrever o interessante e também informativo opúsculo aqui referido, contava com 17 anos de experiência como Professor em Monroe County, Florida, USA.

utilizada no sentido de abranger qualquer agente público ou agente político de quaisquer dos três Poderes do Estado – Executivo, Legislativo e Judiciário.

Um exemplo: há alguns anos, através da Resolução n. 157, de 22 de abril de 2004, cuja vigência foi restabelecida pela Resolução n. 333, de 6 de novembro de 2009, o Conselho Nacional de Trânsito tornou novamente obrigatório o uso de extintores de incêndio de determinado tipo em veículos automotores. Dada essa Resolução, vários comerciantes e proprietários de postos de gasolina compraram tais extintores para revenda – sem se falar nos particulares, que também buscaram adquiri-los. Pois bem. Passado pouco tempo, o CONTRAN, pela Resolução n. 556, de 17 de setembro de 2015, revogou a exigência, causando prejuízos a todas aquelas pessoas.

Eis o caso típico de ato de particular praticado por indução do Poder Público: uma confiança gerada por ato estatal.

II

a confiança legítima e seu conteúdo jurídico

1. A EXPRESSÃO "CONFIANÇA LEGÍTIMA"

À primeira vista, a expressão "legítima" pode ser interpretada no seu sentido mais usual, isto é, "*ser conforme a lei; ou fundado no direito, ou que está protegido por lei*".[9]

Mas, esses sentidos da palavra "legítima", que está a qualificar "confiança" e que é objeto de nossas reflexões, não se aplicam.[10]

---

[9] Segundo o Dicionário Aurélio, esses são os significados usuais do vocábulo.

[10] Mesmo porque, como veremos adiante, a confiança pode ser legítima ainda que *contra legem*.

Àquele equívoco pode nos levar a circunstância de a confiança estar *protegida por normas de princípio,* que, para o efeito aqui mencionado, vale tanto quanto uma norma de regra jurídica.[11] Um comportamento é legítimo, no sentido de ser conforme ao direito tanto ao obedecer a uma norma de princípio quanto uma norma de regra jurídica.

Urge, pois, clarificar o sentido do vocábulo "legítima".

A confiança que examinamos é aquela que determina a realização ou a omissão de algo, tendo por causa um ato de agente político ou de agente público.

Contudo, não é qualquer ato de autoridade que tem o condão de gerar a confiança legítima, mas apenas o ato apto a gerar no confiante a certeza de que deve ou pode praticar atos ou omissões que guardam *relação de causalidade* com ele.

Em se tratando de confiança despertada por agente do Estado, a demonstração dessas circunstâncias não será difícil, pois sempre haverá uma formulação escrita e pública do ato estatal, ainda que endereçada a uma determinada pessoa.

A conclusão, assim, é esta: a expressão "legítima" está a significar "*justificada*".

---

[11] Aceitamos as distinções de Robert Alexy nesse particular.

Confiança legítima é, pois, a *confiança justificada*, ou seja: aquela que nasce de atos ou fatos concretos praticados por agente do Estado, aptos a gerar no confiante a certeza de que deve ou pode praticar atos ou omissões que guardam relação de causalidade com aqueles.

A decisão da Corte Constitucional Colombiana, citada por Gabriel Valbuena Hernández, salienta que "a confiança legítima consiste em que o cidadão possa evoluir num mundo jurídico estável e previsível, no qual possa confiar".[12]

2. A CONFIANÇA LEGÍTIMA NA INTERPRETAÇÃO DOUTRINÁRIA

Os autores conceituam a confiança legítima de diversas maneiras, as quais, no entanto, contêm, em linhas gerais, os mesmos elementos.

Cada autor, todavia, acaba acentuando mais fortemente um ou outro aspecto da confiança legítima, de acordo com a sua própria formação.

Eis o conceito do eminente publicista argentino Pedro J. Coviello, que ressalta os aspectos mais relevantes do instituto, tendo em vista o ato do Estado:

[12] *La defraudación de la confianza legítima*. Bogotá: Universidade de Externado da Colômbia, 2008, p. 155.

> A proteção da confiança legítima é o instituto do direito público, *derivado dos postulados do Estado de Direito, da segurança jurídica e da equidade*, que ampara aqueles que, de boa-fé, creram na validade dos atos (de alcance particular ou geral, sejam administrativos ou legislativos), comportamentos, promessas, declarações ou informes das autoridades públicas, que sejam juridicamente relevantes e eficazes para configurá-la, cuja anulação, modificação, revogação ou derrogação provoca um dano antijurídico nos afetados, erigindo-se, sob a observância desses componentes, em um direito subjetivo que pode invocar o administrado e que consiste em seu aspecto prático, na limitação dos efeitos da anulação, se se tratar de um ato (de alcance individual ou geral) inválido ou o reconhecimento de uma indenização se aquela não for possível; se se tratar de ato ou comportamento válido, sua continuidade ou permanência; presentes os pressupostos de revogação ou modificação de atos válidos ou de derrogação de atos normativos (administrativos e legislativos), na possibilidade do reconhecimento de uma indenização.[13]

[13] COVIELLO, Pedro José Jorge. *La protección de la confianza del administrado*. Buenos Aires: Abeledo-Perrot, 2004.

II - A CONFIANÇA LEGÍTIMA E SEU CONTEÚDO JURÍDICO

Em sua obra de fôlego – *Pesquisa sobre a Segurança Jurídica no Direito Administrativo Francês*[14] – o Professor do Instituto de Estudos Políticos de Toulouse, Philippe Raimbault, assim se refere à confiança legítima:

> O princípio se traduz, portanto, pela obrigação das autoridades públicas em proteger – através de um comportamento consequente e não contraditório, salvo interesse público imperioso em contrário, as expectativas fundadas das pessoas privadas nas quais as fizeram nascer – por ato ou ação anterior, mesmo ilegal – sob pena de sanção pelo juiz.[15]

Também esse autor correlaciona a proteção da confiança legítima em face do poder estatal – e realmente foi por esse caminho que o princípio se firmou, graças aos postulados do Estado de Direito.

O autor já bastante citado Gabriel Valbuena Hernández assim conceitua o instituto:

---

[14] *Recherche sur la Sécurité Juridique en Droit Administratif Français.* Paris: L. G. D. J., 2009.

[15] *Recherche sur la Sécurité Juridique en Droit Administratif Français.* Paris: L. G. D. J., 2009. p. 411. O autor salienta a pouca receptividade do instituto pela jurisprudência francesa.

> Numa perspectiva mais pragmática, devemos considerar que o que a protege (a confiança legítima) serve para tutelar a estabilidade das expectativas legítimas e os direitos aparentes em cujo nascimento defeituoso interviram as autoridades, gerando nos administrados a ideia errônea, embora honesta, compreensível e justificada de serem titulares de direitos perfeitos, devida e regularmente adquiridos conforme a lei.[16]

A crítica que talvez possa ser feita aos conceitos acima e outros semelhantes é a de que, a rigor, precisamos separar, do conceito puro de confiança legítima, os modos de sua defraudação e os mecanismos de proteção e de reparação do prejudicado.

3. CONFIANÇA LEGÍTIMA E SUA INTER-RELAÇÃO TEMÁTICA

Para que possamos emitir um conceito de confiança legítima, algumas premissas são necessárias.

Em primeiro lugar, o cotejo entre *segurança jurídica* e *confiança legítima*, cujo desmembramento e conexões são perseguidos por muitos autores.

---

[16] *La defraudación de la confianza legítima.* Bogotá: Universidade de Externado da Colômbia, 2008, p. 157.

Também urge correlacionar o princípio da segurança jurídica e o princípio da legalidade.

Finalmente, impõe-se uma análise dos pressupostos da confiança legítima.

4. CONFIANÇA LEGÍTIMA E SEGURANÇA JURÍDICA

Antes de enunciar um conceito de confiança legítima, urge analisá-la, tendo em vista o princípio da segurança jurídica.

Pacífico que a segurança jurídica é um dos fundamentos do Estado de Direito, pois ela se traduz em mecanismos de proteção do particular em face do poder estatal.

Segundo Sylvia Calmes-Brunet, em seu excelente artigo "Quelle consécration du principe de sécurité juridique en droit administratif français?",[17] a segurança jurídica comporta várias facetas e corolários: o princípio da legalidade, as bruscas mudanças da jurisprudência, a irretroatividade da lei, as medidas transitórias, *a proteção da confiança*

---

[17] *In:* DAL POZZO, Augusto Neves; PIMENTA OLIVEIRA, José Roberto; VALIM, Rafael. *Tratado sobre o Princípio da Segurança Jurídica no Direito Administrativo.* São Paulo: Fórum, 2013, p. 95.

legítima. De outro lado, prossegue a ilustre professora, de um ponto de vista estático, a segurança jurídica requer a previsibilidade e intelecção do ordenamento jurídico e as mudanças requerem obediência a certos institutos, como ao direito adquirido, à coisa julgada, à prescrição.

Segundo a articulista, a segurança jurídica ainda permite dois enfoques diversos: (i) um enfoque objetivo, coletivo e abstrato; (ii) e outro, subjetivo, individualista e concreto de segurança (dos direitos) pela lei.

Sob o primeiro aspecto, a segurança jurídica visa "a lutar contra a imprevisibilidade, a instabilidade do ordenamento jurídico em geral, assim como contra a proliferação normativa, o aumento de lacunas legislativas e degradação redacional das regras de direito".[18]

Sob o aspecto subjetivo, individualista ou concreto, "a proteção da confiança jurídica notadamente pode exigir a manutenção de uma situação jurídica favorável ao proveito do interessado. É levado em conta, caso a caso, os interesses pessoais e a

---

[18] "Quelle consécration du principe de sécurité juridique en droit administratif français?". *In:* DAL POZZO, Augusto Neves; PIMENTA OLIVEIRA, José Roberto; VALIM, Rafael. *TTratado sobre o Princípio da Segurança Jurídica no Direito Administrativo.* São Paulo: Fórum, 2013, p. 96.

subjetividade de sua apreciação das normas. Na Alemanha, o Tribunal Constitucional Federal estabeleceu desde os anos sessenta a cadeia de dedução sobre Estado de Direito – segurança jurídica – proteção da confiança legítima". E conclui: "Mais precisamente, a segurança jurídica, que faz parte dos elementos essenciais do Estado de Direito, dignifica em primeiro lugar a proteção da confiança legítima do cidadão".[19]

Gabriel Valbuena Hernández analisa essa questão, inclusive o entendimento da publicista francesa e cita, ainda, Pedro J. Coviello, que considera "definitivamente, a confiança legítima com a segurança legítima vista pelo lado do particular".[20]

Do ponto de vista conceitual, a primeira observação a ser feita é que os princípios gerais de direito se derramam sobre o ordenamento jurídico e muitas vezes se transmutam para constituir outros princípios mais específicos, isto é, direcionados a um determinando campo do direito ou a determinadas

---

[19] "Quelle consécration du principe de sécurité juridique en droit administratif français?". *In:* DAL POZZO, Augusto Neves; PIMENTA OLIVEIRA, José Roberto; VALIM, Rafael. *Tratado sobre o Princípio da Segurança Jurídica no Direito Administrativo.* São Paulo: Fórum, 2013, p. 96.

[20] *La defraudación de la confianza legítima.* Bogotá: Universidade de Externado da Colômbia, 2008, p. 203. Todavia, o autor não chega a estabelecer os limites entre ambos.

situações jurídicas. Assim, por exemplo, o princípio geral da isonomia, que se transmuda no princípio processual da igualdade das partes e no princípio da iniciativa da parte (somente assim o juiz será imparcial, ou seja, não irá ajudar uma parte em detrimento da outra, tratando-as isonomicamente).

Princípios gerais de tamanha amplitude realmente têm a tendência de se transmudarem em princípios mais específicos: nestes últimos há um conteúdo próprio, mas também um componente daquele que constitui o núcleo do princípio constituinte. Não será possível tratar igualmente as partes processuais sem obediência ao seu princípio constituinte: o princípio da isonomia.

Portanto, inútil a tentativa de delinear a diferença entre segurança jurídica e confiança legítima – esta última é uma transmutação daquela, para regular situações específicas, mas sempre contendo um componente de segurança jurídica.

Em conclusão, podemos dizer que confiança legítima é aquela despertada por ato de terceiro (particular ou Estado) e que merece a tutela do direito.

5. CONFIANÇA LEGÍTIMA E LEGALIDADE

O princípio da confiança legítima, apesar de alguns julgados esparsos e anteriores, teve sua certidão de nascimento – segundo a grande maioria dos autores – com a decisão proferida em 14 de novembro de 1956 pelo Tribunal Superior alemão e depois confirmada pelo Tribunal Administrativo Federal, em 25 de outubro de 1957.

Trata-se do julgamento que ficou conhecido como a "Viúva de Berlim". Uma senhora alemã recebeu uma notificação do governo que faria jus a uma pensão pela morte do marido, desde que se mudasse de Berlim Oriental para Berlim Ocidental. Feita a mudança e após vários meses de recebimento da pensão, o governo novamente notifica a viúva dizendo que ela não tinha, realmente, direito ao percebimento daquela pensão e que deveria devolver tudo quanto percebera. A viúva acabou ganhando a demanda e continuou a receber a pensão "ilegal".

Numa outra decisão proferida pelo Tribunal Constitucional alemão, de 19 de dezembro de 1962, ficou consignado:

> A segurança jurídica é um dos efeitos fundamentais do Estado de Direito. Os cidadãos devem estar em condições de antecipar as possíveis intromissões do Estado que podem afetá-los e atuar de acordo com elas. Os cidadãos devem estar em condições de confiar que seus atos, considerados válidos de acordo com o ordenamento vigente e do qual se seguem certas consequências legais, permanecerão reconhecidos como tais. Essa

> confiança dos cidadãos se quebra, porém, quando o legislador abarca os efeitos já produzidos com consequências que são mais desfavoráveis que aquelas em que os cidadãos confiavam que permaneceriam vigentes. A segurança jurídica para os cidadãos significa, em forma primária, a proteção da confiança legítima.[21]

No caso da "Viúva de Berlim", fica muito claro que houve uma *colisão* entre o princípio da legalidade e o da confiança legítima.

Um parêntesis será necessário.

Concordamos com quase todas as posições de Robert Alexy, expostas na sua obra famosa *Teoria dos Direitos Fundamentais*.

Para começar, a distinção entre normas de princípios e normas de regras jurídicas.

Nas normas de princípios estão concentrados valores de altíssima relevância para a subsistência da sociedade e que "ordenam algo que seja realizado na maior medida possível, dentre as possibilidades jurídicas e fáticas existentes", segundo Alexy.[22]

---

[21] Apud HERNANDÉZ, Gabriel Valbuena. *La defraudación de la confianza legítima*. Bogotá: Universidade de Externado da Colômbia, 2008, p. 248.

[22] *Teoria dos Direitos Fundamentais*. 2ª ed. São Paulo: Malheiros, p. 90.

Por essa razão, ele caracteriza os princípios como *mandamentos de otimização*.

Voltemos ao princípio da isonomia. Num concurso público para ingresso no Ministério Público, a inscrição de um deficiente visual foi negada e posteriormente confirmada pelos tribunais. É que essa pessoa, uma vez aprovada, jamais teria contato direto com os autos, já que não os há em Braille. Nem com as provas. Ou seja, poderia facilmente ser levado a equívocos. Houve uma colisão entre o princípio da isonomia e o princípio da independência funcional do Promotor de Justiça, que está a exigir que a convicção do membro do Ministério Público se forme de maneira direta, sem interferências externas de qualquer ordem.

Como deduz o autor citado, numa colisão de princípios há que se examinar, caso a caso, qual deva prevalecer – já a colisão entre regras jurídicas pressupõe a prevalência de uma delas e a derrogação da colidente pelos critérios ofertados pela doutrina (*lex posterior derogat legi priori* e *lex specialis derogat legi generali*).

Enfim, um dos princípios deverá ceder, tendo em vista as circunstâncias do caso concreto, sendo impossível a antevisão de qual deva prevalecer, pois não se crê na existência de princípios absolutos.[23]

---

[23] Sobre o tema, a análise de ALEXY, Robert. *Teoria dos Direitos Fundamentais*. 2ª ed. São Paulo: Malheiros, 2017, p. 111.

No caso da "Viúva de Berlim" acabou prevalecendo o princípio da confiança legítima em prejuízo do princípio da legalidade.

Por fim, parte da doutrina entende que o princípio da confiança legítima está compreendido no princípio da legalidade e, portanto, situado na mesma órbita deste último. A contrariedade frontal com normas jurídicas é apenas aparente.

6. PRESSUPOSTOS PARA A CONFIGURAÇÃO DA CONFIANÇA LEGÍTIMA

Para que a confiança possa se qualificar como "legítima" e se constituir num direito subjetivo tutelado pelo ordenamento jurídico, alguns pressupostos são necessários:

i. A existência de um ato de terceiro (no nosso ensaio – de agente político ou de agente público) apto a gerar justificada confiança no espírito do confiante a respeito da sua eficácia, de sua validade e de sua estabilidade;
ii. A prática de atos ou omissões pelo confiante tendo por causa o ato de terceiro.

Não há dúvida de que os princípios atinentes à confiança legítima se aplicam nas relações jurídicas entre os particulares – mas essa questão não está em foco nestas linhas.

Assim, *terceiro*, para efeito de nossos estudos, é o agente político ou o agente público, no sentido mais amplo possível desses termos, tal como os conceitua a Lei de Improbidade Administrativa (Lei n. 8.429/92):

> Art. 2º Reputa-se agente público, para os efeitos desta lei, todo aquele que exerce, ainda que transitoriamente ou sem remuneração, por eleição, nomeação, designação, contratação ou qualquer outra forma de investidura ou vínculo, mandato, cargo, emprego ou função nas entidades mencionadas no artigo anterior.

Esses são os sujeitos ativos dos atos que podem gerar a confiança legítima.

Normalmente os autores buscam variadíssimos núcleos verbais para descrever o ato de terceiro com tal aptidão: comportamentos, promessas, declarações, informes (Valbuena Hernández) ou cuidam de se referir aos efeitos desses atos, ou seja, "expectativas fundadas das pessoas privadas nas quais as fizeram nascer – por ato ou ação anterior" (Raimbault), para ficarmos apenas com dois dos conceitos dados acima.

O comportamento do terceiro, apto a gerar a confiança legítima, é rebelde a uma enumeração que não seja meramente exemplificativa.

Aliás, normalmente não se vê verbos omissivos, que também podem, na prática, concorrer para que nasça a confiança legítima: deixar de construir um muro cercando o terreno, pela falta de imposição legal e súbita aplicação de multa pela omissão do proprietário, por dia em que o muro não estiver completo.

O importante é que o ato omissivo ou comissivo se revista de seriedade suficiente para gerar no espírito do confiante a certeza de sua *eficácia, validade e de sua permanência por tempo indeterminado:*

i. Eficácia – o ato é eficaz desde que se torne público.

ii. Validade – todo ato administrativo, até demonstração em contrário que o anule ou revogue é validado, por força do princípio da validade dos atos administrativos.

iii. Permanência – o ato deve perdurar por tempo indefinido.

iv. *Comportamento do confiante com fundamento no ato de terceiro.*

Instituída a confiança legítima no espírito do confiante, é preciso que ela se traduza em *atos concretos.*

No caso paradigma da "Viúva de Berlim", ela teve que se mudar da parte oriental para a parte ocidental (transpondo, então, o muro existente) e receber a pensão ofertada.

No exemplo dos extintores, as pessoas adquiriram esse equipamento, seja para uso pessoal, seja para fins comerciais.

Há que haver um nexo de causa e efeito entre a confiança legítima e o ato praticado pelo confiante.

7. CONCEITO DE CONFIANÇA LEGÍTIMA

A confiança legítima é a certeza de estabilidade de uma relação de conteúdo jurídico que se justifica por um ato de terceiro (nestes estudos, agente do Poder Público), que induziu o confiante a crer na sua eficácia, validade e permanência, traduzindo-a em comportamento ativo ou omissivo.

Exemplo:[24] uma empresa celebrava contratos diretos com Administrações Públicas municipais (isto é, sem licitação), tendo por objeto uma peculiar metodologia de ensino, com emprego de computação, aulas para formação de professores e para dirigentes de escolas, tendo em vista a gestão escolar.

---

[24] Trata-se de caso que ocorreu na realidade.

O Tribunal de Contas do Estado de São Paulo aprovou várias dessas contratações diretas, até que, por entender haver no mercado outras empresas com o mesmo produto, passou a exigir licitação.

De maneira extremamente correta, o Presidente daquela Corte de Contas fez publicar a Deliberação TC-A-21176/026/06 (de 22 de agosto de 2007), do seguinte teor:

> Art. 1º A contratação de sistemas de ensino deverá ser precedida do correspondente processo licitatório, preferencialmente do tipo técnica e preço.

Muitos contratos foram examinados depois da publicação da referida Deliberação, mas, em atenção à confiança legítima da empresa e pelo fato de serem anteriores à consolidação e, mais importante, da publicação daquele novo entendimento, foram havidos como regulares.

A verdade é que o Tribunal de Contas Paulista respeitou a confiança legítima que seus julgados despertaram nos particulares – e para mudar sua orientação teve que os advertir de forma expressa e séria.

Nesse caso real, estão presentes os elementos formadores da confiança legítima: os particulares entenderam eficaz a orientação jurisprudencial, realizaram validamente contratações diretas e durante todo o tempo em que aquela orientação permaneceu.

A interrupção da sua permanência somente se voltou para o futuro, mas respeitando a confiança legítima válida no passado.[25]

8. DEFRAUDAÇÃO DA CONFIANÇA LEGÍTIMA

Nos exemplos precedentes, verificamos que a confiança legítima deve ser criada no espírito do confiante por um ato praticado por terceiro – seja, esse, um particular ou uma pessoa jurídica de direito público – embora, nesses estudos, o enfoque seja a confiança legítima depositada na preservação dos efeitos gerados pela eficácia e na validade do ato praticado por agente político ou público na acepção ampla acima vista.

Nos diversos casos paradigmáticos citados pela doutrina, podemos concluir que a circunstância que

[25] Infelizmente, nem o Ministério Público e nem o Poder Judiciário respeitam o princípio da confiança legítima, entendendo que as decisões do Tribunal de Contas não os vinculam. Se essa desvinculação é a regra, a vinculação é a exceção. Sempre que um órgão estatal (e, pois, o Tribunal de Contas) gera a confiança legítima no particular, este não pode responder por ato ilícito, uma vez que o princípio da segurança jurídica como vimos no texto, prevalece em confronto com o princípio da legalidade.

se coloca como violadora da confiança legítima é a repentina, brusca, inopinada, desavisada mudança de orientação "oficial".

Gabriel Valbuena Hernández, escrevendo sobre a *existência de uma base objetiva da confiança*, assim se expressa com muita precisão:

> Estamos, então, fazendo referência à existência prévia de um comportamento, atitude ou manifestação do Estado ou de seus agentes, que de maneira inequívoca, objetiva e concludente estimule, induza, permita, tolere ou determine o surgimento de expectativas fundadas e certas, em torno à duração e permanência de uma situação jurídica subjetiva ou faça previsível que a atividade administrativa tenha uma determinada orientação ou gere certo resultado.[26]

Ao se referir a "comportamento, atitude ou manifestação", o autor citado está buscando uma fórmula amplíssima para caracterizar o ato de estatal.

O importante, porém, é que esse ato de terceiro seja apto a gerar uma reação no confiante (em

---

[26] *La defraudación de la confianza legítima*. Bogotá: Universidade de Externado da Colômbia, 2008, p. 159. O autor, em sua obra, examina a defraudação da confiança legítima pelo Estado, e não por particulares.

função da confiança que aquele ato lhe gerou) que se traduza em atos concretos.

Não basta a mera expectativa, a mera crença numa determinada orientação, uma frustração, enfim, que não se tenha traduzido em atos da vida real.

9. MUDANÇA REPENTINA, BRUSCA E INTEMPESTIVA DO ATO ESTATAL

O ato de terceiro, apto a gerar a confiança legítima, é o que determina, no confiante, a crença em sua permanência, em sua vigência duradoura. O ato gera uma previsão de permanência, de durabilidade, de prolongamento daquela situação por muito tempo. Vejamos alguns casos citados pela doutrina.

Sylvia Calmes-Brunet recorda a decisão proferida no caso envolvendo a Companhia de Minas de Siguiri, de 22 de novembro de 1929, na qual o Conselho de Estado Francês reconheceu que a repentina retirada de uma autorização, feita "em condições abusivas", seria inválida, o que o levou a reconhecer a aplicação, em substância, do princípio da confiança legítima. Isto ocorreu mesmo antes de o Tribunal Alemão reconhecer a tutela da confiança legítima.

Noutro caso – agora em face da empresa particular de transportes Freymuth – o Tribunal de

Strasbourg reconheceu a proteção da confiança legítima, tendo em vista repentina, brutal e imprevisível publicação de um decreto vedando a importação de lixo doméstico "que entrou em vigor sem se fazer acompanhar de disposições transitórias, causando à empresa um prejuízo anormal".

Apesar desses precedentes, a autora adverte que o Conselho de Estado Francês se recusa a reconhecer formalmente o princípio da confiança legítima, o que leva a ilustre publicista francesa a concluir que, na França, há uma "consagração inacabada" do princípio da confiança legítima e, pois, uma "segurança jurídica amputada".[27]

Philippe Raimbault examinou o caso Transportes Freymuth (é ele quem esclarece tratar-se de lixo doméstico). O decreto de interdição da importação foi de 18 de agosto de 1992 e o Estado pagou uma indenização de 35 milhões de francos. Aduz, ainda, que a decisão do Tribunal de Strasbourg admitiu "que, falhando em respeitar esse princípio da confiança legítima quanto à clareza, à previsibilidade das regras jurídicas e à ação administrativa, a administração

---

[27] "Quelle consécration du principe de sécurité juridique en droit administratif français?". *In:* DAL POZZO, Augusto Neves; PIMENTA OLIVEIRA, José Roberto; VALIM, Rafael. *Tratado sobre o Princípio da Segurança Jurídica no Direito Administrativo.* São Paulo: Fórum, 2013, p. 94 ss.

compromete sua responsabilidade à razão do prejuízo anormal resultante de uma modificação inutilmente repentina dessas regras ou desse comportamento".[28]

10. RESPONSABILIDADE DO ESTADO NO DIREITO BRASILEIRO

Não há voz discordante quanto à responsabilidade do Estado por atos ilícitos ou lícitos que causem dano aos particulares, diante da responsabilidade objetiva do Estado positivada no § 6º do art. 37 da Constituição Federal e no art. 43 do Código Civil:

> Art. 37. (*omissis*)
>
> § 6º As pessoas jurídicas de direito público e as de direito privado prestadoras de serviços públicos responderão pelos danos que seus agentes, nessa qualidade, causarem a terceiros, assegurado o direito de regresso contra o responsável nos casos de dolo ou culpa.
>
> Art. 43. As pessoas jurídicas de direito público interno são civilmente responsáveis por atos dos seus agentes que nessa qualidade causem danos a terceiros, ressalvado direito regressivo contra os causadores do dano, se houver, por parte destes, culpa ou dolo.

---

[28] *Recherche sur la Sécurité Juridique en Droit Administratif Français.* Paris: L. G. D. J., 2009, p. 422.

Sobre esse tema, discorre Celso Antônio Bandeira de Mello com maestria: "Assim como o Direito constrói a realidade (jurídica) da 'pessoa jurídica', também constrói para elas as realidades (jurídicas) vontade e ação, imputando o querer e o agir dos agentes à pessoa do Estado".[29]

Mais não será preciso dizer, considerando os limites deste ensaio.

[29] "Estado de Direito e Segurança Jurídica". *Tratado sobre o Princípio da Segurança Jurídica no Direito Administrativo.* São Paulo: Fórum, p. 1024.

III

a confiança legítima e o setor de infraestrutura

1. CONSIDERAÇÕES INTRODUTÓRIAS

Examinado o conteúdo jurídico da confiança legítima em seus aspectos mais relevantes, cumpre investigar como ele se revela no setor de infraestrutura, que por ensejar uma participação ativa do Estado, gera, a todo o momento, no espírito dos particulares, a expectativa legítima que suas emanações serão levadas a efeito.

Em primeiro lugar, não é demais ressaltar que o setor de infraestrutura, dentro de instrumentos jurídicos como o das concessões e as parcerias público-privadas, enseja por parte do investidor privado uma gama enorme de recursos para que os projetos sejam realizados.

Essas relações também presumem contratos de longo prazo, em que os partícipes dessa relação jurídica confiem mutuamente que as obrigações assumidas serão efetivamente cumpridas, com raras exceções, decorrentes especialmente de fatos supervenientes.

Além disso, as situações empíricas que podem ocorrer durante uma relação tão longa quanto aquela estabelecida nesses contratos não permitem um *design* contratual que ofereça uma cobertura integral das situações fáticas que podem ocorrer no mundo fenomênico, sendo imprescindível que, por tais imprecisões, essa relação seja pautada por pressupostos que garantam, na ocorrência delas, uma solução que confirme a expectativa legítima de que será tomada a melhor decisão no caso concreto, ou seja, aquela que atenda ao interesse público e que também prestigie a economia contratual.

Diante desse complexo quadro que envolve o setor de infraestrutura, não há dúvida de que a importância da confiança legítima se revela inequívoca. Sem confiança legítima não há setor de infraestrutura. Sem a convicção legítima de que haverá, indubitavelmente, o cumprimento rigoroso das obrigações assumidas contratualmente e de que situações supervenientes serão solvidas dentro de orientações prévias e consolidadas, sem mudanças abruptas e infundadas de posições, não há setor de infraestrutura.

A confiança do investidor no Estado e a expectativa legítima desse último de que o investidor irá promover o conjunto de investimentos previstos contratualmente para alcançar o interesse público tutelado é um binômio convergente que deve ser pautado pela confiança legítima, sem o que não se constrói, minimamente, uma infraestrutura que ofereça qualidade de vida para as pessoas e que garanta o desenvolvimento nacional.

Nas próximas páginas, iremos nos dedicar a examinar algumas situações vivenciadas na prática da advocacia que nos revelam, de maneira cabal, a incidência da confiança legítima e sua aplicação no setor de infraestrutura.

2. *HARD CASES* DE DEFRAUDAÇÃO DA CONFIANÇA LEGÍTIMA NO SETOR DE INFRAESTRUTURA

Em nossa área de atuação profissional, várias são as formas pelas quais o Estado defrauda a confiança legítima daqueles que com ele contratam. A relação adiante destacada corresponde ao que, por atuação profissional, são as hipóteses mais comuns de defraudação da incidência do princípio da confiança legítima em processos[30] que envolvem o interesse público em projetos relativos ao setor de infraestrutura em sentido amplo:

i. A descontinuidade dos procedimentos de manifestação de interesse (PMIs).

ii. A não concessão de reajuste tarifário para as concessionárias ou permissionárias de serviço público.

iii. A falta de atualização do valor dos pedágios em estradas em regime de concessão.

iv. Paralisação de obra sem fundamento legal que a autorize, causando onerosidade excessiva aos contratados.

v. Inadimplência contratual por parte da Administração e exigência de continuidade das obras.

vi Elementos de projetos básicos ou executivos que se revelam inadequados tecnicamente ou que geram riscos não mitigados.

---

[30] Embora já se possa considerar pacificada a discussão acerca da aplicação das terminologias procedimento e processo no seio dos assuntos conduzidos pelo Estado com a participação de particulares, aqui, adota-se o termo processo em função do reconhecimento de que, em todos eles, há potencial para ampliação ou restrição de direitos dos administrados e, em função disso, a aplicação do princípio da confiança legítima é inexorável tanto quanto a aplicação do princípio do devido processo legal em seu aspecto material.

Como se pode notar, são listados nada menos do que 06 (seis) hipóteses em que, a rigor, é possível constatar a violação do princípio da confiança legítima e, para contextualizar, cada um será tratado adiante.

2.1 Descontinuidade no processamento de PMIs

O primeiro caso remete a uma prática que ganhou corpo e projeção consideráveis a partir, aproximadamente, do ano de 2010, quando o País vivia um momento ainda bastante próspero (mesmo que aparentemente, por propaganda governamental).

O Procedimento de Manifestação de Interesse – PMI consiste, de modo bastante abrangente, num método processual pelo qual o Poder Público oferece uma oportunidade real de participação nos negócios públicos, mas em que o participante somente será remunerado pelo futuro vencedor de uma licitação destinada à celebração do contrato objeto daquele PMI.[31]

Nesses procedimentos, a incidência da confiança legítima ocorre a partir da presunção, totalmente justificada, de que o Poder Público diagnosticou,

---

[31] Para facilidade de entendimento, restringimo-nos ao uso da expressão Procedimento de Manifestação de Interesse com a respectiva sigla PMI, que pode envolver também as chamadas Manifestações de Interesse da Iniciativa Privada – MIP.

com nível razoável de certeza, a necessidade de tutelar um determinado interesse público para o qual já está definida a participação da iniciativa privada, tanto nos estudos de viabilidade (objeto do PMI), quanto na posterior celebração do contrato de parceria (em sentido amplo: concessões, PPPs, concessões de uso etc.).

Ou seja: como já defendemos em outras searas, o PMI é uma etapa do processo de planejamento estatal, concernente à definição e à execução de uma política pública que tem por objeto usar um contrato administrativo de concessão (novamente, em sentido amplo) como meio de tutela ao interesse público.

Logo, presume-se que tais procedimentos não são, ou ao menos não poderiam ser, conduzidos de forma irresponsável ou como forma de avaliar se, de fato, o caminho da concessão deve ser o escolhido.

Não se quer dizer, com tal assertiva, que processos dessa natureza não possam resultar numa circunstância que os impeça de prosseguir. Quer-se dizer que somente se pode admitir que eles não prossigam em casos devidamente fundamentados e em razão, via de regra, da superveniência de um fator que, devidamente justificado e tornado público, seja determinante para a revogação do procedimento.

Se isso não ocorrer, como, infelizmente, tem sido constatado na prática (o mercado de infraestrutura reconhece, empiricamente, uma taxa de fracasso em torno de 90% para PMIs), o processo é encerrado sem qualquer justificativa, relegando-se, os particulares, ao suposto risco do negócio.

Mas, para efeito desse ensaio, queremos enfocar o fato de que o encerramento repentino, brusco e intempestivo do comportamento estatal está presente sempre que um PMI naufraga sem que haja justificativa plausível para tanto, isto é, fundada na superveniência de um fato capaz de influir na viabilidade da escolha do método de realização daquela política pública específica pela via da concessão.

Não há a menor plausibilidade lógica e jurídica em promover-se uma série de atos tendentes à realização de um empreendimento de infraestrutura, que envolve custos significativos para aqueles que irão participar com seriedade do processo, para simplesmente encerrá-lo sem justificativas plausíveis. A instauração do PMI vincula, de alguma sorte, a Administração Pública, despertando a confiança legítima de que o processo será levado a efeito até seus ulteriores termos, a não ser que haja uma razão superveniente, devidamente comprovada que justifique a sua descontinuidade.

A taxa de mortalidade dos PMIs sem que haja uma justificativa plausível é algo nefasto, que acaba por comprometer a idoneidade do próprio instituto.

A falta de seriedade com que alguns administradores gerem o procedimento de manifestação de interesse, pela utilização de argumentos pífios ou desarrazoados que impliquem sua descontinuidade, afronta, radicalmente, a confiança legítima, sendo legítimo se pleitear a invalidação do ato revogatório por violação a esse direito primordial.

Ousaríamos mesmo a dizer que, nesses casos em que se verifica brusca e inopinada mudança de orientação, aqueles que comprovadamente suportaram custos para a elaboração do projeto a ser apresentado devem ser indenizados. O Poder Público deve maturar a ideia antes de torná-la pública. Nesse caso, o princípio da confiança legítima deve prevalecer mesmo em confronto com o princípio da legalidade.

2.2 Não concessão de reajuste tarifário para concessionárias e permissionárias de serviço público

Não seria prudente ignorar o fato de que as relações contratuais com o Poder Público, em especial aquelas fundadas em regimes longos como as concessões, são especialmente sujeitas a toda sorte de risco de natureza política.

O que a prática em concessões tem demonstrado, desde que o instituto voltou a ser usado com maior vigor, ainda nas décadas finais do século XX no Brasil, é que o risco político mais sensível tende a ser aquele em que o custo para a autoridade eleita consiste em ser reconhecida por ter aumentado a carga "tributária"[32] e que isso possa lhe custar votos na próxima eleição.

Embora esse fato pertença, muito mais, ao campo da política, ele recebe tratamento jurídico específico e pode ser enquadrado como "Fato da Administração": aquela hipótese em que os direitos do contratado são lesados por descumprimento voluntário das condições pactuadas no contrato, não raramente, mediante invocação de um interesse público amorfo e sem qualquer fundamentação na legalidade.

Um dos exemplos eloquentes dessa hipótese é o reajuste de tarifa de transporte coletivo. Em função da exposição política que, normalmente, o reajuste causa, ainda mais em tempos delicados e reativos como o atual, é comum que o direito à aplicação do reajuste, no mais das vezes mediante a aplicação de uma simples fórmula aritmética, seja negado pelas razões as mais esdrúxulas, via de regra, um suposto interesse público, mas totalmente divorciado das cláusulas contratuais.

A exposição ao risco político é exatamente um elemento fundamental de retração de investimentos no setor de infraestrutura. A instabilidade gerada por

[32] Muito embora as tarifas das concessões nada tenham a ver com o regime tributário das taxas.

decisões governamentais disparatadas e desconexas aos ditames contratuais constitui um mal que deve ser afastado a todo custo. Infelizmente sobre o País ainda paira, especialmente no cenário internacional, a péssima fama de "*descumpridor de regras contratuais*". Falta também, muitas vezes, respaldo do Poder Judiciário e dos órgãos de controle para que seja oferecido o *enforcement* necessário ao cumprimento dos ditames legais e contratuais que disciplinam essas relações. Há, de um lado, desrespeito à confiança legítima, pela forma segundo a qual os contratos são geridos, ou seja, de maneira atrelada às intempéries políticas. Tais fatores acabam por enfraquecer toda a cadeia de segurança quanto à continuidade de investimentos e ao atingimento do interesse público que ensejaram o desenvolvimento do projeto de infraestrutura que se buscou empreender.

Esse desrespeito à confiança legítima, causado por circunstâncias alheias à realidade contratual e por mera deliberação administrativa, de conteúdo exclusivamente político-partidário, precisa ser contido para que, finalmente, tenha-se tranquilidade e certeza de que as obrigações assumidas pelo Estado serão efetivamente respeitadas, trazendo seriedade para as emanações dele advindas.

2.3 A falta de atualização do valor dos pedágios nas estradas em regime de concessão

Muito similar ao anterior, o fato pertencente a esse tópico merece destaque próprio em função de uma particularidade do setor rodoviário: a natureza intensiva tanto da despesa de capital, quanto das despesas de manutenção e operação.

A atualidade do serviço depende, inexoravelmente, da atualidade da tarifa.

Lembre-se de que o concessionário não é o Estado. O concessionário não tem como absorver prejuízos em função de um interesse público. Apenas o Estado tem essa faculdade, pelo fato óbvio de que apenas o Estado pode emitir títulos de dívida pública e aumentar impostos para compensar uma renúncia de receita.

O concessionário, por sua vez, confiou, piamente, nos estudos de viabilidade econômica e projetou todas as despesas de investimento, operação e manutenção, diante da certeza de que todos os reajustes futuros seriam aplicados adequada e tempestivamente. Disso depende a viabilidade de todos os investimentos e da própria manutenção do serviço.

Certos governantes já alegaram que a modicidade da tarifa seria o motivo para o congelamento do reajuste. Há uma ilegalidade flagrante (inconstitucionalidade, quiçá) latente nessa afirmação.

Ou o estudo foi adequado, e o pedágio será reajustado, ainda que isso tenha inegável custo *político*, ou o estudo foi inadequado, e é necessário responsabilizar a autoridade faltosa que o aprovou e, se o caso, retirar o concessionário mediante adequada indenização, sempre que ele houver concorrido de boa-fé para todo o procedimento licitatório e contratual (cenário que só pode ser esse, num ensaio que trata de confiança legítima).

O inadmissível é que um direito contratual, legal e constitucionalmente assegurado ("mantidas as condições efetivas da proposta") seja amesquinhado de forma brusca, inesperada e intempestiva pelo Poder Público em nome de agendas não republicanas.

A inafastável consequência desse caso típico de defraudação da confiança legítima, amparada no binômio fundamental que deve nortear a relação jurídica entre o Poder Concedente (que espera a prestação de um serviço adequado) e o concessionário (que espera o cumprimento contratual para dar continuidade aos investimentos necessários no sistema), é uma indesejável judicialização contratual e, com isso, a paralisação do aporte de recursos na infraestrutura rodoviária e, consequentemente, o afastamento na proteção ao interesse público de um serviço adequado, que atenda aos anseios dos usuários das rodovias.

A única solução que tem restado ao concessionário é fazer valer seus direitos junto ao Poder Judiciário, o que seria totalmente desnecessário se a Administração Pública simplesmente cumprisse o seu dever de executar o contrato firmado. Essa circunstância abarrota ainda mais o sistema judiciário e o bem jurídico tutelado pela Administração, que é a prestação de um serviço público adequado, fica ainda mais distante e moroso de ser alcançado, com pendências judiciais intermináveis, com elevadíssimos custos para todos os envolvidos.

2.4 Paralisação de obra sem fundamento legal que a autorize, causando onerosidade excessiva aos contratados

A teoria dos contratos administrativos reconhece a natureza especial desse tipo de relação jurídica em função da verticalidade legal estabelecida entre o contratado e o Poder Público, na medida em que esse pode alterar, unilateralmente, as condições do contrato (inclusive seu prazo, já que a suspensão está nessa seara), exceto as econômico-financeiras, para melhor atender ao interesse público.

A norma do artigo 58 da Lei Federal n. 8.666/93 é bastante lúcida, mas, aparentemente, tem sido muito ignorada, em especial, no que tange aos seus parágrafos que traduzem, com maestria técnica, o conteúdo da garantia constitucional da preservação do equilíbrio econômico-financeiro dos contratos administrativos.

Aqui, há, como já advertia Montesquieu, o risco do abuso do poder. A Lei Federal n. 8.666/93 é deveras transparente sobre as hipóteses em que a Administração pode suspender a eficácia e, portanto, a execução de um contrato.

Mais uma vez, estamos na chamada zona cinzenta entre o exercício da competência, à qual são atribuídos deveres-poderes instrumentais, e o abuso do poder, que não conhece limite ou responsabilidade, mas que pode se camuflar sob uma vestimenta por vezes sedutora de figuras de linguagem, que lhe dão aparência de legalidade.

Não raramente, o abuso decorre da falta superveniente de verba ou funciona como um instrumento de pressão para que o contratado ceda a algum tipo de exigência não republicana. Ambos são desvios e, portanto, não são capazes de gerar obrigações válidas à luz do Direito.

Mais do que isso, justamente por serem abusos, correspondem à quebra da confiança legítima, já que o fluxo de pagamentos, seja em contratos comuns, seja em concessões em que há algum tipo de contrapartida em sentido amplo devida pelo Poder Público, é o objeto máximo sobre o qual repousa a confiança legítima.

2.5 Inadimplência contratual por parte da Administração e exigência de continuidade das obras

A hipótese de que ora se cogita é oposta à tratada no tópico precedente: a prática forense leva a constatar diversos casos em que a Administração Pública se vale de ardis que, apesar de práticas oblíquas condenáveis, parecem levar os incautos a crer que a literalidade da norma está sendo atendida.

Trata-se, aqui, da hipótese contida no inciso XV do artigo 78 da Lei Federal n. 8.666/93, concernente à possibilidade legal de o Contratado suspender, unilateralmente e sem necessidade de recurso ao Judiciário, o cumprimento de suas obrigações diante do inadimplemento, por parte do Poder Público, por prazo superior a 90 (noventa) dias.

As normas jurídicas devem ser interpretadas, mas sempre de forma que delas seja extraída a maior eficácia social possível, tal como canonizado, desde 1942, pela antiga Lei de Introdução ao Direito Brasileiro, hoje alterada pela Lei n. 12.376, de 30 de dezembro de 2010 e chamada Lei de Introdução às Normas do Direito Brasileiro (Art. 5º. Na aplicação da lei, o juiz atenderá aos fins sociais a que ela se dirige e às exigências do bem comum).

No caso das regras do regime jurídico de direito público concernentes aos contratos administrativos subsequentes à licitação, a interpretação deve ser o "escudo e arma" do administrado, sempre de forma mais favorável a este, pois sua atividade se destina a cumprir exigências do bem comum, ou do interesse público.

Logo, o inadimplemento a que se refere o inciso em questão só pode ser o inadimplemento por *razões substanciais*, ou seja, situações extremas, como as exemplificadas na norma (caso de calamidade pública, grave perturbação da ordem interna ou guerra).

Fora de tais circunstâncias, há defraudação da confiança legítima naquele que justificadamente acreditou na força jurídica do contrato para lhe garantir o direito ao recebimento.

O que se tem visto, todavia, é que, em contratos de trato diferido, sobretudo, de obra pública, a Administração, para "fugir" à incidência do citado inciso, efetua pagamentos não substanciais, pois, assim crê não incorrer em mora, uma vez que, na superficialidade da camada sintática do texto normativo, não se enxerga em estado de descumprimento: para os que advogam esse tipo de expediente, se são devidas 100 unidades monetárias, basta que apenas uma unidade seja paga no nonagésimo dia e a mora estará purgada.

Nada mais absurdo, em face do princípio da confiança legítima. O confiante realiza, sobretudo em obras de engenharia, pesados investimentos de curto prazo que lhe consomem, pesadamente, capital de giro, comprometem sua capacidade de endividamento e, não raro, requerem o registro contábil de dívidas de curto prazo contraídas para cumprir fielmente o contrato.

E o faz na legítima confiança de que será pago. Mas, na prática, muitas vezes para escamotear o estado calamitoso de suas finanças, o contratante público *rola* sua dívida e força o particular a permanecer contratado, mobilizado e em execução, sob a ameaça de que, pela purgação de um centésimo de sua dívida, não se poderia falar em inadimplemento por parte da Administração.

Nada mais falacioso. Nesses casos, há *inadimplemento substancial* ou *justificado*, a autorizar, ainda que com recurso ao Judiciário, a suspensão do cumprimento das obrigações até que se normalizem os pagamentos.

Outra emboscada preparada pela Administração, em não raras vezes, concerne ao pagamento parcial do valor integral devido, apenas para que o administrado não possa promover a paralisação contratual. Ela vai, dolosamente, promovendo o pagamento de valores inferiores ao devido, de maneira a evitar que se encontre em situação de "inadimplência" justificadora da suspensão contratual.

Ora, a lei não menciona qualquer medida para essa inadimplência. Promover o pagamento de maneira parcial é o mesmo que não pagar, para essa finalidade. Não existe forma mais abusiva de violação da confiança legítima do que essa. De maneira ardilosa, o administrador promove pagamentos parciais, preparando uma armadilha para que o contratado fique preso, sem elementos que possam lhe socorrer. Nada mais absurdo: o contratado poderá legitimamente suspender a execução do contrato quando o pagamento pela Administração Pública for realizado parcialmente.

O comportamento da Administração nesses casos é ilegal, defrauda a confiança legítima, sendo, portanto, possível ao contratado acionar a regra de resgate contida no inciso XV do artigo 78 da Lei Federal n. 8.666/93 para fazer valer seus direitos e contrastar o posicionamento torpe enveredado pelo administrador que se vale dessa insídia.

2.6 Elementos de projetos básicos ou executivos que se revelam inadequados tecnicamente ou que geram riscos não mitigados

Como já tivemos a oportunidade de sustentar, e outros importantes juristas também já o fizeram, o planejamento estatal é atividade administrativa fundamental para o cumprimento dos propósitos cominados pela Constituição Federal.

Trata-se de uma das poucas atividades essencialmente indelegáveis e, em verdade, o mínimo eficaz esperado de qualquer Estado: traçar as metas e os meios pelos quais serão estruturadas as políticas públicas necessárias para alcançá-las.

Na vastidão conceitual do planejamento estatal, uma fração de suas atividades é caracterizada pela elaboração adequada de projetos básicos e executivos de obras eleitas como mecanismos de concretização daquelas metas.

Ocorre que, novamente, a zona cinzenta que separa o direito da política põe o intérprete sob o gume da espada: elaborar bons projetos custa caro e consome tempo, recursos que, não necessariamente, estão disponíveis na medida adequada e em condições de alinhamento com os calendários eleitorais. Isso para não mencionar que, em muitos casos, a Administração sequer conta com profissionais gabaritados para aferir a qualidade dos projetos elaborados.

O resultado dessa última circunstância, amiúde, é a elaboração apressada de projetos que, em função de sua baixa qualidade técnica ou operacional, resultam em contratos administrativos de obra pública sujeitos a constantes revisões e modificações para fazer frente às contingências que, a bem da verdade, estariam equacionadas em um bom projeto.

Para o operador do Direito, no entanto, a serventia desse contexto, não raro, consistirá em apontar cenários potenciais em que acréscimos ou reequilíbrios serão contrafação de uma falha de projeto que, se exposta, poderia resultar em gravosas responsabilizações administrativas.

Em suma, um projeto adequado é o que todo particular espera encontrar ao decidir participar de uma licitação, pois, num cenário de confiança legítima, o que se pretende é executar, de forma adequada e honesta, a prestação almejada pelo interesse público sem a exposição desnecessária ao risco de alterações, muitas vezes substanciais.

Dificilmente o administrador reconhece a inadequação de um projeto básico ou executivo por ele realizado (ou até por ele contratado). Essa atitude desesperada advém do medo de responsabilização que lhe pode ser ensejado, em face dessa nefasta circunstância. Prefere ele se utilizar de argumentos pífios, que não se justificam tecnicamente, para promover alterações que sabe, ocorreram, em verdade, por uma falha técnica do projeto.

Esse comportamento, encontrado às centenas, além de defraudar a confiança legítima que o Estado tem o dever de reconhecer, legitimamente, os atos inadequados por ele praticados, tem o condão de cortar cerce, como navalha afiada, o interesse público a ser perseguido pela obra levada a efeito.

Inadequações no projeto básico, além de altamente dispendiosas, podem custar a vida das pessoas que se utilizam daquela obra pública. Não há como tratar dessa situação da maneira inconsequente, com a exclusiva preocupação de autoproteção em face da esfera de responsabilidade, como tem ocorrido. O fato é que o reconhecimento de um projeto inadequado é condição elementar para que todos os recursos e esforços envidados na consecução de uma obra sejam devidamente alcançados.

A situação acaba sendo tão disparatada que, por muitas vezes, o administrador, mesmo sabedor da falha técnica do projeto, determina a sua realização para evitar que seja responsabilizado. Com isso, chegamos, metaforicamente, ao precipício: basta apenas um pequeno empurrão para uma verdadeira catástrofe, pois será determinada, pelo agente competente, a realização de uma obra que poderá colocar a vida dos usuários em risco, sob pena de a empresa incorrer em inexecução contratual e, consequentemente, sujeitar-se a todas as sanções administrativas contratualmente previstas. Essa conjuntura absurda e esdrúxula fere de morte também a confiança legítima que os cidadãos depositam no Estado, de que estará promovendo, intensamente, todas as diligências necessárias para fazer com que a incolumidade física das pessoas seja preservada.

Quando empresas responsáveis se encontram na execução desses contratos, muitas vezes o caso precisa ser levado ao Poder Judiciário para que este tome a providência de suspender o ato administrativo que determinou a execução da aludida obra comprometida, postergando, destarte, ainda mais, a entrega do referido objeto. Tudo acaba sendo ainda mais dispendioso e prejudicial ao interesse público, infelizmente.

O exercício da função pública requer coragem, inclusive, de reconhecer os próprios equívocos, para o bem da coletividade, sendo essa a postura que legitimamente se espera de todo indivíduo que pretende exercer uma atividade na Administração Pública.

CONCLUSÕES

No Brasil, o princípio da confiança legítima não tem sido estudado em maior profundidade e geralmente vem confundido com o princípio da segurança jurídica.

A visualização da confiança legítima como entidade jurídica autônoma, embora decorrente da segurança jurídica, de cujos elementos constitutivos ela conserva boa parte, sem dúvida auxilia o operador do direito a buscar fundamentos específicos para casos em que ela é defraudada.

Assim como o princípio da segurança jurídica, o da confiança legítima não está expresso em nenhuma norma, de forma direta.

Tais princípios se fundam no conceito de Estado de Direito, ainda impreciso, inacabado e em evolução – mas com bases suficientes para que se possa dizer, com Coviello, que "é possível conceber a existência da confiança legítima como garantia dos particulares diante de determinadas atuações dos poderes públicos".[33]

Por fim, como lembra o mesmo Professor, os Preâmbulos das Constituições têm caráter normativo, como norma de princípio – e é possível encontrar, no Preâmbulo da Constituição Federal Brasileira, fundamento para reconhecermos a confiança legítima como instituto agasalhado pelo nosso ordenamento jurídico.

Ao mencionar que o Estado Brasileiro é instituído para assegurar, dentre outros valores, a segurança e a justiça, entendemos admissível encontrar um dos fundamentos buscados exatamente nesse compromisso de segurança jurídica e de justiça:[34]

> Nós, representantes do povo brasileiro, reunidos em Assembleia Nacional Constituinte para instituir um Estado Democrático, destinado a assegurar o exercício dos direitos sociais e individuais, a liberdade, a *segurança*, o bem-estar, o desenvolvimento, a igualdade e

[33] COVIELLO, Pedro José Jorge. *La protección de la confianza del administrado*. Buenos Aires: Abeledo-Perrot, 2004, p. 359.

[34] Pedro José Jorge Coviello também assinala essa conclusão, em face do Preâmbulo da Constituição da Argentina. *La protección de la confianza del administrado*. Buenos Aires: Abeledo-Perrot, 2004, p. 377.

> a justiça como valores supremos de uma sociedade fraterna, pluralista e sem preconceitos, fundada na harmonia social e comprometida, na ordem interna e internacional, com a solução pacífica das controvérsias, promulgamos, sob a proteção de Deus, a seguinte CONSTITUIÇÃO DA REPÚBLICA FEDERATIVA DO BRASIL.

O tema é vasto e desafiador.

Apenas afloramos alguns aspectos, que demonstram a necessidade de mergulharmos mais fundo nesse oceano de questões, a fim de podermos revelar seus verdadeiros tesouros.

A Editora Contracorrente se preocupa com todos
os detalhes de suas obras! Aos curiosos, informamos que
esse livro foi impresso pela Gráfica Rettec, em papel
Polén Soft, em fevereiro de 2019.